BEI GRIN MACHT SICH IHR
WISSEN BEZAHLT

AF130152

- Wir veröffentlichen Ihre Hausarbeit,
  Bachelor- und Masterarbeit

- Ihr eigenes eBook und Buch -
  weltweit in allen wichtigen Shops

- Verdienen Sie an jedem Verkauf

Jetzt bei www.GRIN.com hochladen
und kostenlos publizieren

GRIN ☺

Bibliografische Information der Deutschen Nationalbibliothek:

Die Deutsche Bibliothek verzeichnet diese Publikation in der Deutschen National-
bibliografie; detaillierte bibliografische Daten sind im Internet über http://dnb.d-
nb.de/ abrufbar.

Impressum:

Copyright © 2017 GRIN Verlag
Druck und Bindung: Books on Demand GmbH, Norderstedt Germany
ISBN: 9783668771932

Dieses Buch bei GRIN:

https://www.grin.com/document/436903

Rafael Zimmermann

Verkaufsmanagement in der Fitnessbranche

GRIN Verlag

GRIN - Your knowledge has value

Der GRIN Verlag publiziert seit 1998 wissenschaftliche Arbeiten von Studenten, Hochschullehrern und anderen Akademikern als eBook und gedrucktes Buch. Die Verlagswebsite www.grin.com ist die ideale Plattform zur Veröffentlichung von Hausarbeiten, Abschlussarbeiten, wissenschaftlichen Aufsätzen, Dissertationen und Fachbüchern.

Besuchen Sie uns im Internet:

http://www.grin.com/

http://www.facebook.com/grincom

http://www.twitter.com/grin_com

Deutsche Hochschule für

Prävention und Gesundheitsmanagement

Hermann Neuberger Sportschule 3

66123 Saarbrücken

Einsendeaufgabe

Fachmodul:	Verkaufsmanagement
Studiengang:	Bachelor Fitnessökonomie
Datum **Präsenzphase:**	22.08.2016 – 24.08.2016
Name, Vorname:	Zimmermann, Rafael
Studienort:	Stuttgart
Semester:	WS 2015

Inhaltsverzeichnis

Tabelle 1: Allgemeine Infos über meinen Betrieb

Name und Anlage und Standort (Stadt/Gemeinde)	
	Klassifizierung / Einordnung
Anlagenstruktur:	Gemischtes Studio
Größe der Anlage:	2500 m²
Preisstruktur der Anlage	30,00 € bis 59,99 €
Beschreibungen der Kernleistungen:	Verkauf von Mitgliedschaften

1 Verkaufsmanagement

1.1 Verkaufsorganisation

Der Kunde wird in der ersten Stufe, der Vorbereitungsphase von der Servicekraft begrüßt, der zuständige Mitarbeiter stellt sich mit Vor und Zunamen vor und bittet den Kunden im Bistrobereich Platz nehmen. Es wird ein Getränk nach Wahl angeboten und der zuständige Clubberater wird per Funk über das Erscheinen seines Termins informiert. Der Berater stellt alle Nebentätigkeiten ein, bereitet sich mental auf den Kunden vor, stattet sich mit Stift und Beratermappe aus und bereitet sich auf die erste Kontaktaufnahme vor. Hierbei ist das äußere Erscheinungsbild extrem wichtig sowie ein sympathischer erster Eindruck.

Anschließend geht der Berater auf den Kunden zu, er stellt sich mit Vor und Zunamen vor und beginnt mit einem Small Talk um mit dem Kunden ins Gespräch zu kommen. Mögliche Fragen sind hier, ob derjenige gut hergefunden hat und ob er oder sie denn schon einmal bei uns war.

Des Weiteren geht es darum, eine persönliche Beziehung zu dem Kunden aufzubauen, indem der Berater versucht sich in die Lage des Kunden hineinzuversetzen und die verbale und nonverbale Sprache anpasst.

In der vierten Stufe geht der Berater über in die Bedarfsanalyse, in der es darum geht die bewussten und unbewussten Bedürfnisse des Kunden herauszufinden. Hierbei wird versucht Trainingsziele und eventuelle mögliche gesundheitliche Beschwerden mit offenen Fragen zu erfahren. Es werden verschiedene Fragetechniken angewendet um den eigentlichen Grund seines Besuches herauszufinden. Es findet eine Einwandvorbehandlung statt um möglichen Einwänden bei der späteren Preispräsentation und dem dazugehörigen Verkaufsabschluss aus dem Weg zu gehen.

Vor dem Übergang in Stufe 5, der Angebotspräsentation wird dem Kunden ein kleiner Überblick über den weiteren Ablauf verschafft. In der 5. Stufe, wird die für den Kunden wichtigste Leistung zuerst vorgestellt und alle nicht interessanten Leistungen für den Kunden weggelassen. Es werden dem Kunden die Vorteile der jeweiligen Trainingsmöglichkeiten aufgezeigt. Nach der Vorstellung des Clubs wird mit Fragen wie „Könntest du dir denn vorstellen, bei uns deine Trainingsziele zu verwirklichen?" die 6. Stufe die Bestätigungsstufe eingeläutet. Es wird nun geklärt, ob den noch Fragen außer dem Preis offen sind. Verneint er letzteres, wird zur Preispräsentation, der 8. Stufe übergegangen. Hierbei werden dem Kunden noch einmal der Nutzen und die Vorteile seiner möglichen Mitgliedschaft aufgezeigt.

Nun wird durch eine Alternativfrage, wie zum Beispiel „Nehmen wir die 14-monatige Laufzeit oder die 24-monatige Laufzeit?" das endgültige „Ja zur Mitgliedschaft" eingeholt.

Nun wird der Preis für das Startpaket und die damit verbundenen Leistungen inklusive Betreuungspauschale vorgestellt. Hier wird auch wieder der Nutzen aufgezeigt und dem Kunden die optimale Betreuung versichert.

Anschließend wird der Vertragsabschluss durchgeführt, die Mitgliedschaft wird vom Berater ausgedruckt und mit dem Neumitglied alle wesentlichen Punkte mit einem Textmarker markiert. Der Berater unterschreibt und hält dem Kunden den Stift hin und zeigt ihm, an welcher Stelle er seine Mitgliedschaft durch eine Unterschrift bestätigen soll. Das Neumitglied erhält eine Willkommensmappe, eine Trinkflasche und es wird ein Einstiegstermin mit dem Mitglied ausgemacht.

Die After Sales Phase besteht aus dem Vorlegen eines VIP-Sheets. Hier hat das Neumitglied die Möglichkeit an 6 Leute ein Fitness- und Wellness Erlebnis an Freunde und Bekannte zu verschenken. Das Mitglied wird noch einmal als Neumitglied per Handschlag willkommen geheißen, um ihm ein gutes Gefühl zu vermitteln. Anschließend verabschiedet sich der Berater und begleitet das Neumitglied zur Türe.

1.2 Vergleich mit den 13 Stufen des Verkaufs

Tabelle 2: Vergleich der 13 Phasen des Verkaufs mit In Shape Sports Club

13 Phasen des Verkaufs	Verkaufsphasen In Shape Sports Club
Stufe 1: Die Vorbereitung: -Nebentätigkeit einstellen -aufs Verkaufsgespräch vorbereiten -Informationen über den Kunden herausfinden -Terminmanagement	In Shape Stufe 1: Die Vorbereitung -Berater erfährt über Funk das der Interessent erschienen ist -Nebentätigkeit wird eingestellt, mentale Vorbereitung beginnt -> Blick ins Terminbuch, in der Infobox stehen die nötigen Informationen über den Interessenten, diese sind zu registrieren -stimmt mit Stufe 1 überein
Stufe 2: Die Kontaktaufnahme	In Shape Stufe 2: Die Kontaktaufnahme

-Vorstellung (Name, Funktion), freundliche Begrüßung -Körperhaltung, gepflegtes Äußeres -Name des Interessenten nennen -sicheres Auftreten, Mimik, Gestik	-der Berater stellt sich mit seiner Funktion mit Vor und Zunamen vor -alle Berater tragen Arbeitskleidung und achten auf ein gepflegtes Auftreten -es wird der Name des Interessenten genannt und ihn gefragt wie es ihm geht, ein kleiner Smalltalk wird geführt
Stufe 3: Aufbau persönlicher Beziehung -Vertrauen aufbauen -verständnisvoll, zuvorkommend -notwendige Informationen vermitteln -verbale/nonverbale Sprache anpassen	In Shape Stufe 3: Aufbau persönlicher Beziehung -es wird dem Interessenten ein Gefühl von Sicherheit vermittelt, und ihm ein Überblick über den Ablauf gegeben -stimmt überein
Stufe 4: Die Bedarfsanalyse -SPIN-Methode -bewusste Bedürfnisse herausfinden -unbewusste Bedürfnisse herausfinden -Fragetechniken anwenden -Notizen machen -Signalwörter einsetzen -aktiv zuhören -zurückhaltend, offene Fragen stellen -Redeanteil beachten -Pacing einsetzen -Einwandbehandlung durchführen -keine Angebotspräsentation durchführen	In Shape Stufe 4: Bedarfsanalyse -es wird ebenfalls die SPIN-Methode angewendet -es werden die bewussten und unbewussten Bedürfnisse erfragt, dabei werden offene Fragen gestellt -der Berater beachtet seinen Redeanteil und lässt den Kunden das Gespräch führen - eine Einwandbehandlung findet ebenfalls in der Bedarfsanalyse statt, um mögliche Einwände im Vornherein zu beseitigen -stimmt überein
Stufe 5: Die Angebotspräsentation -Merkmale beschreiben -Vorteile aufzeigen -Nutzen liefern -Nutzenargumentation auf Motiv zuschneiden -Sinnesaktivierung -positive Sprache verwenden, kundenorientierte Sprache	In Shape 5: Die Angebotspräsentation -es wird dem Kunden den für ihn wichtigste Trainingsmöglichkeit zuerst gezeigt -es werden ihm die Vorteile und sein dazugehöriger Nutzen erläutert -es findet gegebenenfalls ein Ausprobieren verschiedener Geräte statt, um dem Kunden spüren zu lassen, welche Muskeln er trainiert (Beispiel)

	-es wird kundenorientiert gearbeitet
	-stimmt überein
Stufe 6: Die Angebots- und Bestätigungs-stufe	In Shape Stufe 6: Die Angebots- und Bestätigungsstufe
-Suggestivfragen (Gutes Gefühl? -< Ja)	-es werden Suggestivfragen gestellt: „Spüren Sie den hier trainierten Muskel? Fühlt
-Vorteile der Dienstleistung erklären	es sich gut an?" ->Antwort: „Ja"
	-stimmt mit Stufe 6 überein
Stufe 7: Grundsatzentscheidung:	In Shape Stufe 7: Grundsatzentscheidung
-Frage zur Grundsatzentscheidung formulieren -> positive Antwort erhalten	-Beispiel: „Sind Sie fest entschlossen, ihre Ziele in Angriff zu nehmen?" -> „Ja"
	-stimmt mit Stufe 7 überein
Stufe 8: Die Preispräsentation zur Mitgliedschaft	In Shape Stufe 8: Die Preispräsentation zur Mitgliedschaft:
-Möglichkeiten & Preisgestaltung aufzeigen	-anhand von easy-Sale werden verschiedene Pakete am PC vorgestellt
-Preis & Nutzen in Relation darstellen	-es wird der Nutzen und der Preis in Relation gestellt
-kleiner Preis und großer Nutzen	-Startpaket, Monatsbeitrag und Betreungspauschale wird auf einmal vorgestellt, damit der Interessent alle Beiträge auf einmal sieht
	-stimmt teilweise mit Stufe 8 überein
Stufe 9: Das „Ja" für die Mitgliedschaft:	In Shape Stufe 9: Das „Ja" für die Mitgliedschaft
-Empfehlung ausgesprochen	-es wird nicht gefragt, ob er sich für eine
-Einsatz Alternativfragen	Mitgliedschaft entscheidet, sondern es
-Klare Preisakzeptanz	wird eine Alternativfrage gestellt
	-> „Nehmen wir die 14-monatige Mitgliedschaft oder doch die preiswertere 24-Monatsmitgliedschaft
	-stimmt mit Stufe 9 überein
Stufe 10: Die Preispräsentation für das Startpaket	In Shape Stufe 10: Die Preispräsentation
	-wird zusammen mit der Preispräsentation

	durchgeführt
-Nutzen des Startpakets aufzeigen	-Phase 10 fällt weg um dem Kunden alle
-günstige Relation Preis – Leistung	fällig werdenden Beiträge aufzuzeigen
	und ein Nein zur Mitgliedschaft zu ver-
	hindern
	-stimmt nicht überein
Stufe 11: Vorabschluss	-wird vom Berater nicht durchgeführt,
-Vorabschluss durchgeführt	weil im Vorfeld schon einige Fragen ge-
-ein „Nein" verhindert	stellt wurden, um den Abschluss zu si-
-provisorische Abschlussfragen stellen	chern und die Mitgliedschaft abzuschlie-
-Meinungsfragen einsetzen	ßen
-Drei-Schritte-Strategie anwenden	-stimmt mit Stufe 11 überein
Stufe 12: Abschluss	In Shape Stufe 12: Vorabschluss
-Abschluss durchgeführt	-Abschluss wird durchgeführt
-Mitgliedschaft wird von Berater ausge-	-Mitgliedschaft wird vom Berater ausge-
füllt	füllt
-Vorgehen dem Interessenten erläutern	-die Mitgliedschaft wird zusammen mit
-Interessent Zeit zum durchlesen geben	dem Neukunden durchgegangen und er-
	läutert
	-er wird als Neumitglied per Handschlag
	willkommen geheißen
	-stimmt überein
	-stimmt mit Stufe 12 überein
Stufe 13: After Salse	In Shape Stufe 13: After Sales
-mögliche Bestandteile anwenden	-es wird ein Einweisungstermin ausge-
-kognitive Dissonanz vermeiden	macht
	-eventuell Zusatzverkäufe ergänzend zur
	Mitgliedschaft wie Eiweißpulver, Pulsuh-
	ren etc.
	-stimmt mit Stufe 13 überein

1.3 Verkaufsoptimierung

In Shape in Geislingen sollten untereinander mehr Rollenspiele stattfinden. So wird ein noch professionellerer Verkauf gewährleistet. Durch mehrmaliges Wiederholen des Leitfadens werden die 13 Phasen des Verkaufs vertieft und vor allem die Bedarfsanalyse verinnerlicht, welche den Kernpunkt des Verkaufsgesprächs darstellt.

Gerade Punkte, wie die Einwandvorbehandlung sollte durch Rollenspiele geübt werden, da oft der Berater bei vielen Einwänden diesen argumentativ nicht widerlegen kann.

Der Unterschied zwischen Einwänden und Vorwänden ist auch nicht immer klar, daher sollten generell mehr Rollenspiele durchgeführt werden. Ein weiterer Punkt im In Shape welcher optimiert werden sollte, ist die Promotion. Es gibt zur Zeit kein festes Promotion Team, wodurch keine Promotion Kontakte generiert werden, was wiederum weniger Termine zur Folge hat. Außerdem haben wir kein Callcenter, die ebenfalls Promotion Kontakte, Empfehlungen und Kündigungen bearbeitet.

2 Kundenorientierung

2.1 Transformationen der Modi

Um einen Kunden, vom externalen Modus in den introjizierten Modus zu bringen, muss der Kunde einen Beweggrund haben, eine Intention, ihm einen Gedankenstoß geben und seine unbewussten Bedürfnisse wecken. Man muss ihm verdeutlichen, dass nicht Dinge in seinem Leben besser sein können, wenn der oder diejenige die entsprechenden Maßnahmen ergreift.

Um den Menschen vom introjizierten Modus in den identifizierten Modus zu bringen, muss der Kunde sich Gedanken über die eine Lösung seines Problems machen. Hier reicht nicht der alleinige Entschluss etwas zu ändern aus. Optimal ist es hier, dem Kunden einen Lösungsansatz zu geben, mit dem er oder sie arbeiten kann.

Eine Person vom identifizierten Modus in den intrinsischen Modus zu bekommen, sollte der Kunde soweit motiviert werden, dass er Spaß daran hat etwas für sich zu tun und er keine weiteren äußeren Einflussfaktoren braucht, außer sich selbst. Hierbei erläutert man dem Kunden, was er denn schon alles erreicht hat und was er noch erreichen kann, wenn er am Ball bleibt.

2.2 Kundenbindung

In den ersten 5-12 Wochen nach Abschluss einer Mitgliedschaft ist die Wahrscheinlichkeit hoch, dass Kunden ihre Motivation verlieren und das Training vorzeitig beenden, bevor sie sichtbare Erfolge erreicht haben. Dem gilt mit einigen Maßnahmen entgegenzuwirken.

Eine Möglichkeit ist hier, regelmäßige Erfolgstermine mit den Mitgliedern auszumachen, und ihre Fortschritte dokumentieren. Ein Beispiel hierfür wäre eine Körperfettanalyse alle 2-3 Monate und hierzu ein individuell neu angepasster Trainingsplan. Eine weitere Möglichkeit ist es, die Namen der Mitglieder schnellstmöglich zu beherrschen. Durch eine persönliche Ansprache der Neumitglieder fühlen sie sich automatischer wohler. Außerdem sollten Neumitgliedertreffen veranstaltet werden, in denen sich die Neumitglieder untereinander austauschen können, eventuell neue Freundschaften knüpfen um gemeinsam ihre jeweiligen Trainingsziele zu erreichen. Zusätzlich zu den genannten Maßnahmen, kann man mit sogenannten Service Calls die Kundenbindung und Kundenzufriedenheit steigern. In regelmäßigen Abständen werden die Neumitglieder angerufen und es wird nachgefragt, wie es mit ihrem Training läuft, ob beim Ersttermin alles geklappt hat und ob sie sich wohlfühlen. Das gibt dem Kunden das Gefühl, dass sich um ihn gesorgt wird, was ein weiterer positiver Effekt bezüglich der Kundenbindung bewirkt. Eine fünfte Möglichkeit, die Kundenzufriedenheit zu erhöhen sind spezielle Motivationsprogramme für Neumitglieder geben, damit diese ihr Training in ihren Tagesablauf integrieren können. Die Teilnahmen an solchen Programmen sollten belohnt werden, mit Getränkegutscheinen, gratis Eiweißpulver oder ähnlichem.

2.3 Zusatzverkäufe

Im In Shape in Geislingen werden hauptsächlich Zusatzverkäufe im Thekenbereich getätigt. Da viele Mitglieder Fett abbauen wollen und/oder Muskeln aufbauen wollen, verkaufen wir Eiweißshakes oder auch Eiweißpulver in Beuteln. Hierbei werden dem Kunden der Vorteil und der Nutzen einer Eiweißzufuhr nach dem Training erläutert. Um ihre Ziele schneller zu erreichen sollten sie nach dem Training einen Eiweißshake trinken um den Muskelaufbau zu unterstützen.

Im Trainingsbereich werden Zusatzverkäufe hauptsächlich durch den Verkauf von Pulsgurten und Pulsuhren getätigt. Um beispielsweise im optimalen Bereich der Fettverbrennung zu trainieren, hilft hierbei ein Pulsgurt der den Puls überwacht und man somit das Training effektiver gestalten und anpassen kann.

Ein weiterer Punkt von Zusatzverkäufen fokussiert sich auf Upgrades der Mitgliedschaften. Hierbei können Mitglieder im In Shape in Geislingen Getränke optional hinzubuchen, das Solarium oder auch unsere Massageliege. Nach einmaligem Ausprobieren wird ihnen das Preis-Leistungs-Verhältnis erläutert und somit können Mitgliedschaften erweitert werden.

Weitere Möglichkeiten Zusatzverkäufe zu generieren wäre es im Thekenbereich T-Shirts und Handtücher mit In Shape Logos zu verkaufen. Somit wird der Umsatz angetrieben und die Zugehörigkeit der Mitglieder zur Anlage wird verstärkt. Nach dem Abschluss einer Mitgliedschaft könnte man ein atmungsaktives In Shape T-Shirt zur Hälfte des eigentlichen Preises anbieten. Im Gruppentrainingsbereich kann man ergänzend zum Faszien Kurs Black Rolls verkaufen, damit die Mitglieder Übungen aus dem Kurs auch zu Hause durchführen können. Dies führt bei einem Kauf einer Black Roll und dauerhafter Anwendung, zu weniger Verspannungen und einem schmerzfreien Alltag. Durch das Rollen der Black Roll über die Muskulatur werden die Faszien dauerhaft gelöst.

Im Trainingsbereich, könnte man kleine, mobile Blutdruckmessgeräte anbieten, damit Mitglieder mit arterieller Hypertonie ihren Blutdruck vor und nach dem Training im Auge behalten können und somit ihre Gesundheit nicht gefährden. Gerade im Anfangsstadium eines Trainingseinsteigers ist regelmäßige Kontrolle wichtig.

3 Teams, Motivation & Führung

3.1 Teamentwicklung

Während sich ein Team oder eine Gruppe bildet, gibt es 4 Phasen, die von Bedeutung für den Teambuildingprozess sind. Hierzu gehören die Forming, Storming, Norming und Performingphase.

In der ersten Phase, der „Forming" Phase geht es darum, dass sich die Teammitglieder finden. Wer ist für welche Aufgabe geeignet, wie können sich die Teammitglieder untereinander verhalten, wer legt welche Arbeitseinstellung an den Tag.

Unterstützend kann hier der Teamleiter aktiv werden. Er ist dafür zuständig, dass ein Meinungsaustausch zwischen den Teammitgliedern stattfindet. Außerdem sollte er als Vorbildfunktion dienen und dem Team die Ziele und die Aufgaben der Arbeit präsentiert.

Die zweite Phase, auch als „Storming" Phase bezeichnet, ist die Organisationsphase der Teamentwicklung. Während der zweiten Phase kommt es oft zu Meinungsverschiedenheiten oder auch Gruppenbildungen. Die Gefahr besteht, dass das Team in dieser Phase scheitert, weil es auf keinen gemeinsamen Nenner kommt. Hier ist der Teamleiter einmal mehr gefragt. Er muss dafür sorgen, dass es zu einer Konfliktbewältigung kommt und schlägt Lösungen zur Konfliktbearbeitung beziehungsweise Beseitigung vor. Außerdem übernimmt er die Rolle des Streitschlichters, aber auch die, des Motivators, indem er klare Zielvorgaben vorgibt.

In der „Norming" Phase, der dritten von insgesamt vier Phasen, geht es um die Rollenverteilung im Team. Hier kommt es oft zu Kompromissen zwischen den Teammitgliedern. Der Teamleiter muss in dieser Phase die Aufgabenverteilung anhand der Stärken der jeweiligen Teammitglieder auswählen. Des Weiteren muss er in dieser Phase als Moderator dienen und den Teammitgliedern mehr und mehr Entscheidungsprozesse überlassen, gleichzeitig jedoch die klare Einhaltung der Spielregeln überwachen.

In der vierten und letzten Phase, der „Performing" Phase kommt es zur effizienten und intensiven Arbeitsphase. Die Informationen, die in den vorigen Phasen herausgearbeitet wurden, werden nun umgesetzt. Der Teamleiter kann sich ab sofort mehr zurückziehen und den einzelnen Teammitgliedern mehr Vertrauen schenken. Außerdem muss er nun das Team nach außen hin repräsentieren.

3.1.1

In der „Storming" Phase ist der Teamleiter besonders gefordert, da hier das Team droht auseinanderzubrechen. Es kommt zu Meinungsverschiedenheiten und Streitigkeiten. Hier gilt es als Teamleiter einen kühlen Kopf zu bewahren. Ignoriert der Teamleiter die Konflikte, droht das Team in der „Storming" Phase stecken zu bleiben und nicht vorwärtszukommen. In dieser Phase dient der Teamleiter wie oben schon beschrieben als Schlichter um die Gruppe zusammenzuhalten.

3.2 Motivation

„Gruppenprovisionen sind in der Fitnessbranche die beste Möglichkeit die Mitarbeiter im eigenen Unternehmen dauerhaft zu motivieren."

Gruppenprovisionen können anfangs das gesamte Team motivieren, da alle Teammitglieder belohnt werden, nicht nur die Verkäufer. Diese sind hauptverantwortlich für Neuverträge, da diese die Beratung durchführen und den Kunden letztendlich überzeugen müssen. Doch kümmern sich die Trainer anschließend nicht sorgfältig um eine optimale Betreuung, steigt die Fluktuationsquote. Auch wenn man kein Verkäufer ist, haben Mitarbeiter die Möglichkeit, provisioniert zu werden.

Auf der anderen Seite fühlen sich die Verkäufer hierdurch auf lange Zeit benachteiligt, weil die eigentliche Schwierigkeit einen Neukunden zum Vertragsabschluss zu überzeugen, an ihnen hängt. Dies kann dazu führen, dass es zu Streitigkeiten untereinander im Team kommt, was zu einer Nichterreichung der vorgegebenen Ziele führen kann. Ich finde eine Einzelprovision für den jeweiligen Verkäufer angemessen, weil sonst die anderen Mitarbeiter, die nicht im Vertrieb tätig sind.

3.3 Führung

Im ersten Fallbeispiel handelt es sich um den direktiven Stil. Die Mitarbeiter bekommen exakte Anweisungen, wie sie ihre Aufgaben zu erledigen haben. Des Weiteren findet eine ständige Kontrolle des Vorgesetzten statt. Beim Umsetzen dieses Führungsstils kann es oft zu einer Demotivation der Mitarbeiter, da diese sich überhaupt nicht entfalten können. Wenn minimale Zielabweichungen zu einer Geschäftsschädigung führen ist dieser Führungsstil jedoch durchaus gefordert.

Im zweiten Fallbeispiel beschäftigt sich mit dem affiliativen Stil. Das durch Harmonie und den starken Zusammenhalt zwischen Chef und den Mitarbeitern geprägtem Team, führt zu Spaß am Arbeitsplatz und ständiger, gegenseitiger Motivation der Mitarbeiter. Dieser Stil beruht auf komplettem Vertrauen und Zustimmung.

4 Controlling

4.1 Kennzahlen im Vertrieb

Nachfolgend wurde die Telefonquote, die Termineinhaltungsquote und die Abschluss-quote für die Monate Mai, Juni und Juli 2016 berechnet.

Telefonquote:

$$\frac{\text{Anzahl Terminvereinbarungen}}{\text{Anzahl der Interessentenanrufe}} \times 100$$

Mai 2016: $\dfrac{44 \text{ Terminvereinbarungen}}{60 \text{ Interessentenanrufe}} \times 100 = 73{,}3 \text{ \% Telefonquote}$

Juni 2016: $\dfrac{31 \text{ Terminvereinbarungen}}{40 \text{ Interessentenanrufe}} \times 100 = 77{,}5 \text{ \% Telefonquote}$

Juli 2016: $\dfrac{24 \text{ Terminvereinbarungen}}{32 \text{ Interessentenanrufe}} \times 100 = 75 \text{ \% Telefonquote}$

Termineinhaltungsquote:

$$\frac{\text{Anzahl der erschienenen Termine}}{\text{Anzahl der Terminvereinbarungen}} \times 100$$

Mai 2016: $\dfrac{40 \text{ erschiene Termine}}{44 \text{ Terminvereinbarungen}} \times 100 = 90{,}9 \text{ \% Erscheinungsquote}$

Juni 2016: $\dfrac{26 \text{ erschienene Termine}}{31 \text{ Terminvereinbarungen}} \times 100 = 83{,}8 \text{ \% Erscheinungsquote}$

Juli 2016: $\dfrac{20 \text{ erschienene Termine}}{25 \text{ Terminvereinbarungen}} \times 100 = 80 \text{ \% Erscheinungsquote}$

Abschlussquote:

$$\frac{\text{Anzahl der Mitgliedschaften}}{\text{Anzahl der Beratungen}} \times 100$$

Mai 2016: $\dfrac{21 \text{ Mitgliedschaften}}{40 \text{ Beratungen}} \times 100 = 52,5\ \%$

Juni 2016: $\dfrac{18 \text{ Mitgliedschaften}}{26 \text{ Beratungen}} \times 100 = 69,2\ \%$

Juli 2016: $\dfrac{12 \text{ Mitgliedschaften}}{20 \text{ Beratungen}} \times 100 = 60\ \%$

Abbildung 1: Grafische Darstellung der Kennzahlen im Zeitvergleich

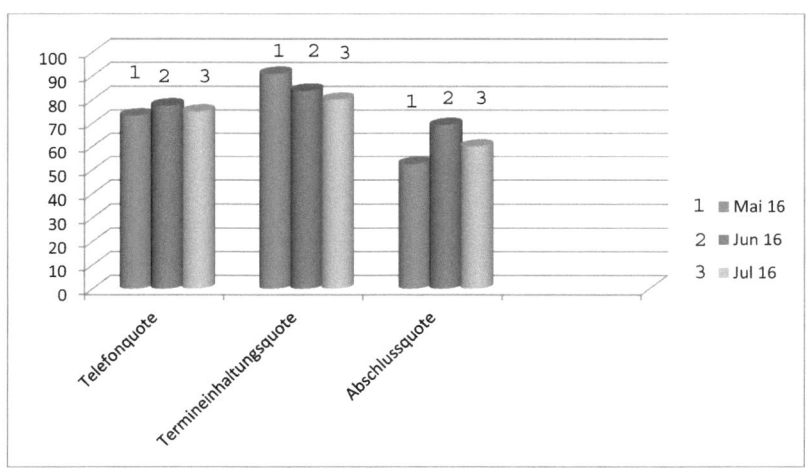

Die Telefonquote liegt bei knapp über 70 Prozent und bleibt über die letzten 3 Monate relativ konstant, ist jedoch verbesserungsfähig. Im Moment gibt es im In Shape in Geislingen kein aktives Callcenter und neben den sonstigen Aufgaben der Vertriebsleitung muss zusätzlich noch telefoniert werden. Die Quoten werden im Winter wieder besser werden, da ab Oktober wieder regelmäßig Promotionskontakte und Empfehlungen von unserem Callcenter angerufen werden. Die Erscheinungsquote bewerte ich als überdurchschnittlich gut mit bis zu knapp 90 Prozent. Das liegt daran, dass wir regelmäßig Bestätigungsanrufe vor dem Tag der Infogespräche mit den Interessenten durchführen. Das wird vereinzelt vergessen, was den Einbruch im Juli erklärt.

Die Abschlussquote ist mit durchschnittlichen 60,5 % ebenfalls noch ausbaufähig. Durch eine Aktion, bei der Mitglieder Neukunden werben und diese sich die Anmeldegebühr ersparen, konnten wir die Abschlussquote im Juni im Vergleich zum Mai deutlich anheben, was uns ein wenig aus dem berühmten „Sommerloch" herausgeholfen hat. Ansonsten müssen wir Mitarbeiter im In Shape in Geislingen noch professioneller verkaufen, die Bedarfsanalyse nicht zu früh abbrechen und somit die Abschlussquote gegen den Winter hin verbessern.

4.2 Fluktuationsquote

Fluktuationsquote:

$$\frac{\text{Anzahl der Abgänge}}{\text{Durchschnittlicher Mitgliederbestand}} \times 100$$

$$\frac{264 \text{ Abgänge}}{1352 \text{ Mitglieder (Durchschnitt)}} \times 100 = 19,5 \text{ \% Fluktuation}$$

Die durchschnittliche Fluktuation im letzten Geschäftsjahr lag bei 19,5 %.

Fluktuationsquote sinkt um 5 Prozentpunkte.
- ➔ Fluktuation: 14,5 %
- ➔ 1352 Mitglieder x 14,5 % = 196,04 Abgänge

Umsatz der letzten Periode:
1352 Mitglieder x 55 € x 12 Monate = 892.320 €
(55 € = ungefährer Umsatz pro Mitglied pro Monat)

Umsatz der laufenden Periode:
264 Abgänge x 55 € x 12 Monate = 154.440 € (Fluktuation 19,5 %)
196 Abgänge x 55 € x 12 Monate = 129.360 € (Fluktuation 14,5 %)
Differenzbetrag: 25.080 €

Bei einer Fluktuation von 14,5 % gegenüber 19,5 % beträgt der Mehrumsatz 25.080 €.

5 Abbildungs- und Tabellenverzeichnis

5.1 Abbildungsverzeichnis

5.2 Tabellenverzeichnis